Marion Neuhauß

Du und ich –

Gedichte über
Freundschaft und Liebe

Marion Neuhauß

Du und ich –

Gedichte über
Freundschaft und Liebe

Bibliografische Informationen Der Deutschen Bibliothek:
Die Deutsche Bibliothek verzeichnet diese Publikation in der Deutschen
Nationalbibliografie; detaillierte bibliografische Daten sind im Internet über
http://dnb.ddb.de abrufbar.

Herstellung und Verlag: Books on Demand GmbH, Norderstedt
Fotos: Marion Neuhauß

ISBN-13: 978-3-8370-0307-9

Freundschaft und Liebe

sind die Dreh- und Angelpunkte für ein zufriedenes und
glückliches Dasein. Allzu oft jedoch findet man dafür nicht die
richtigen Worte... oder spricht sie nicht aus, weil das in der
entsprechenden Situation gar nicht so einfach ist.

Dafür sind diese Gedichte entstanden. Weil die Gedanken über
unser Miteinander, über Liebe und Freundschaft zu wichtig sind,
um ungesagt oder ungeschrieben zu bleiben.

Mein Dank

gilt denen, die diese Worte möglich gemacht haben, weil sie an
meiner Seite sind und mich inspiriert haben: Meinem Mann,
meinen Eltern und all meinen guten Freunden.

Und ganz besonders meiner allerbesten Freundin... für ihre
Geduld und Unterstützung bei der Entstehung dieses Buches!

Weitere Infos gibt es unter: www.marion-neuhauss.de

Freundschaft

Verpasse in einer Freundschaft
keine Gelegenheit,
dem anderen zu zeigen,
was er Dir bedeutet.
Verzichte auf keine noch so kurze Umarmung,
wenn Dir danach ist.
Sprich jede liebevolle Bemerkung aus,
die Dir durch den Kopf geht.
Zeige jedes aufmunternde Lächeln,
das benötigt wird.
Schenke dem anderen
die Aufmerksamkeit,
die er verdient.
Und freu Dich darüber,
wenn Du sie zurückbekommst.

Einzigartig

Miteinander
reden, schweigen,
lachen, weinen.
Was man gerade fühlt,
was gebraucht wird,
was die Situation erfordert.
Egal, was es ist,
das blinde Vertrauen darauf,
es genau zu wissen,
ohne Nachdenken,
ohne Zögern,
das ist es,
was Freundschaften so einzigartig macht.

Glücksfall

Freunde zu haben –
was für ein Glück.
Dich zu haben –
mein ganz besonderes Glück.

Faszinierend

Wie kommt es,
dass zwei Menschen zueinander finden?
Was führt dazu,
dass manchmal ein einziger Blick genügt,
jemanden sympathisch zu finden,
eine Freundschaft zu beginnen,
die ein ganzes Leben lang hält?
Wie ist es zu erklären,
dass man mit manchen Menschen
ganz besonders gut auskommt,
so als hätte man seinen Zwilling gefunden?
Gibt es für diese faszinierenden Geschehnisse
überhaupt nüchterne Erklärungen?
Eigentlich ist mir doch auch völlig egal,
warum es passiert –
Die Hauptsache ist eindeutig:
Dass es so ist!

Weil ich an Dich denke

Oftmals empfinde ich
eine solche Dankbarkeit,
dass es mir fast den Atem verschlägt.

Nur weil ich an Dich denke.

Dann fühle ich mich umgehend
ausgeglichen und heiter,
zuversichtlich und stark.

Weil ich an Dich denke.

Das Herz geht mir weit auf,
ich fühle mich sicher und geborgen
und niemals allein.

Einfach nur,
weil ich an Dich denke.

Ein Teil von mir

Deine Sorgen drücken auch mich,
genauso wie ich Dein Glück genieße.
Du bist Teil meines Lebens,
Teil meines Selbstverständnisses
und meiner Lebensfreude.
Begleitest mich
durch Sonne und Regen,
durch Licht und Dunkelheit.
Für Dich
trotze ich jedem Tag
ein Lächeln ab,
lasse ich im größten Sturm
einen Ruhepunkt entstehen.
Für Dich.
Weil Du
ein Teil von mir bist.

Gerade dann

Wenn Du im Leben
schwierige Momente zu überstehen hast,
Dir der Boden
unter den Füßen weggezogen wird,
dann werde ich mit offenen Armen bereitstehen,
um Dich aufzufangen.
Werde für Dich stark sein,
um Dich ein Stück des Weges zu tragen.
Werde den Überblick behalten,
um Dir die Richtung oder den Ausweg zu zeigen.
Und auf Dich aufpassen,
bis Du es wieder selber tun kannst.

Danke

Manche Dinge im Leben
sind schwer zu beschreiben.
Man ist sich seiner Gefühle völlig sicher
und findet doch nicht so leicht
die passenden Worte dafür.
Wie umschreibe ich all das,
was Du für mich bist?
Wie kann ich Deinen Einfluss auf mein Leben
in ein paar kurze Zeilen fassen und
Dir damit auch noch gerecht werden?
Wie kann ich Dir danken
für die vielen schönen Momente,
die Du mir bescherst?
Wie kann ich Dir erklären,
wie wichtig Du mir bist?
Lass es mich versuchen.
Lass mich Dir nahebringen,
was für ein absoluter Glücksfall
Du in meinem Leben bist.
Wie sehr Du mein Leben bereicherst.
Wie dankbar ich Dir
für Deine Liebe bin!

Wie von Zauberhand

Du bist für mich da,
mit untrüglichem Gespür
für die Situation,
für den genauen Moment,
für mein Bedürfnis nach Deiner Zuwendung.
Immer wieder.
Wie von Zauberhand.

Guter Grund

Ich habe einen guten Grund,
fröhlich zu sein,
mich rundum wohl
und glücklich zu fühlen.
Habe einen guten Grund,
dankbar und zufrieden zu sein.
Ich habe sogar
einen sehr guten Grund dafür.
Ich habe Dich.

Perfekt?

Ein strahlend schöner Morgen,
die Sonne zeigt sich am blauen Himmel,
lässt die Tautropfen funkeln,
bringt den Vorgeschmack
auf einen herrlichen Tag.
Alles scheint perfekt zu sein.
Und ist es doch nicht.
Kann es gar nicht sein,
denn Du bist nicht hier,
bist nicht an meiner Seite.
Wie könnte der Tag dann perfekt sein?

Du und ich

Ich ohne Dich.
Halbherzige Lösung.
Unvollständig.
Wie ein Kuvert ohne Briefmarke.
Wie ein Sommer ohne Sonne.
Erfüllt weder den Zweck
noch die Erwartungen.
Bleibt also nur eins,
um die Lage zu verbessern.
Du und Ich.
Gemeinsam.
Als perfekte Lösung.
Passt wie angegossen.
Gibt dem Ganzen einen Sinn.

Durch und durch

Glück –
nicht erklärlich,
mit dem Verstand nicht zu greifen.
Du musst es spüren,
mit jeder einzelnen Faser Deines Herzens.
Überschäumend,
intensiv,
ungebremst,
durch und durch.
Jedes Mal aufs Neue,
als wäre es das erste Mal.
Als wäre es das letzte Mal.
Voller Dankbarkeit.
Voller Ehrfurcht,
es erleben zu dürfen.

Doppelte Freude

Ich sehe es so gerne,
wenn ein Lächeln Dein Gesicht erobert.
Wenn es von den Mundwinkeln aus
wie über eine Räuberleiter
Deine Augen erreicht
und sie zum Leuchten bringt.
Wenn die Lachfältchen sich vertiefen
und Dir die Freude unübersehbar
ins Gesicht geschrieben steht.
In solchen Momenten verstehe ich nur zu gut,
warum geteilte Freude
eine doppelte Freude ist.

Für Dich

Für Dich
ist mir kein Weg zu weit,
kein Anstieg zu steil,
keine Anstrengung zu groß.
„Warum?" fragst Du.
Nun, Dir ist es gelungen,
ganz tief in mein Herz zu gelangen.
In meine Hochsicherheitszone.
Du hast den Schlüssel
und die richtige Kombination gehabt,
um auch das letzte Geheimfach zu öffnen.
Hast es nie herausposaunt,
hast es genau wie ich
im Stillen genossen.
Und solch einem einzigartigen Menschen
stehen bei mir alle Möglichkeiten offen.
Alle.

Nur ein Blick

Ein Blick in Deine Augen
kann so viel offenbaren.
Freude, Dankbarkeit, Liebe oder Stärke,
Schmerz, Enttäuschung oder Wut.
Wenn man denn hinschaut
und lesen möchte,
was dort steht.
Wenn man wirklich wissen will,
wie es Dir geht,
wie Du Dich fühlst.
Für mich ist es der Weg,
Dir direkt in die Seele zu schauen und
Dich ohne ein Wort zu verstehen.

Tief verwurzelt

Deine wahren Gefühle
liegen verdeckt unter der Oberfläche.
Du offenbarst sie nur selten,
hegst die Befürchtung,
Dich damit angreifbar zu machen,
schutzlos und verletzlich zu sein.
Indem Du davon abweichst,
Dich mir öffnest
und ganz bewusst Einblick gewährst,
schenkst Du mir Dein tiefes Vertrauen.
Bietest mir damit
Deine empfindlichste Flanke ungeschützt dar,
in dem unerschütterlichen Wissen,
dass Deine Empfindungen von mir
sorgsam gehütet werden,
wir einander Schutz gewähren.
Und dass der gegenseitige Respekt und die Achtung
ganz tief in uns verwurzelt sind.

Zutaten des Lebens

Leben.
Besteht nicht nur aus
Freude,
Lachen,
Herzlichkeit,
Freundschaft und Zuneigung.
Leider.
Aber diese Zutaten
lassen uns die anderen Seiten
viel besser ertragen.

Abschied

Schwere Stunden stehen uns bevor.
Beerdigung – Abschied nehmen.
Wir sind schwer getroffen von diesem Verlust,
fühlen uns schwankend und unsicher
und müssen doch gleichzeitig stark sein,
Halt geben.
Ich schaue Dir in die Augen
und werde überschwemmt von Deinem Schmerz,
Deiner Trauer.
Mein Magen zieht sich zusammen
und es zerreißt mir fast das Herz vor Mitgefühl.
Mir fehlen die Worte,
mein Kopf ist wie leergefegt,
mir versagt die Stimme.
Ich drücke Dich ganz fest und weiß,
Du liest alles Notwendige in meinen Augen.
Und fühlst es in meiner Umarmung.

Neue Kraft

Freundschaft –
diese Welle aus
Hilfsbereitschaft,
Zuhören,
füreinander da sein.
Gibt uns die Zuversicht zurück.
Schenkt uns neue Kraft,
wenn wir meinen,
dass wir am Ende sind.
Trägt uns weiter,
wenn wir eigentlich nicht mehr können.
Und erfüllt uns dabei
mit tiefer Dankbarkeit.

Wir

Du.
Mein Sonnenschein.
Mein Lächeln.
Mein Wohlgefühl.
Aber auch
mein Blitzableiter.
Mein Trost.
Meine starke Schulter.
Im Guten wie im Schlechten.
Ohne Fragen, ohne Zögern.
Wir.
Fühlt sich gut an.
Danke dafür.

Glück

Das kleine Glück
zwischen all den Alltagsmomenten
wahrzunehmen,
es wertzuschätzen,
gebührend zu beachten,
ist unglaublich wichtig.
Unverzichtbar.
Denn wenn ich das Glück nicht fühle,
wird es mich auch nicht finden.
Kann mich nicht erfüllen.
Nicht mit seinem kleinen
und erst recht nicht
mit dem großen Glück.
Was wäre das
für eine Verschwendung.

Kostbar

Gemeinsam am Strand den Wellen lauschen.
Sonne und Wind auf der Haut spüren,
die friedliche Atmosphäre in uns aufnehmen.
Zeit zum Reden.
Zum Zuhören.
Für stilles Einvernehmen.
Gelegenheit,
einander ganz nah zu sein,
das Leben zu fühlen
und zu genießen.
Welch kostbarer Moment!

Voller Liebe

Es ist unglaublich schön,
dass mir auch nach so vielen Jahren
Dein Blick noch durch und durch geht,
dass mein Magen sich vor Freude verkrampft,
wenn ich Dich glücklich sehe.
Dass mein Herz schneller schlägt,
wenn ich Deine Stimme am Telefon höre,
und ich mich darauf freue,
mit Dir zusammen zu sein.

Zuneigung

Zuneigung –
ein einzelnes Wort,
hinter dem sich viel verbirgt.
Es umfasst das Glück, das ich empfinde,
weil es Dich in meinem Leben gibt.
Beinhaltet, dass ich dafür sorgen möchte,
dass es Dir gut geht,
dass ich am liebsten
allen Kummer von Dir fernhalten würde.
Steht für den Stolz,
den ich für Dich empfinde
und für die Wertschätzung,
die ich Dir entgegenbringe.
Lässt Dich bei mir willkommen sein,
jederzeit und ohne Einschränkung,
mit einem direkten Zugang
zu meinem Herzen.

Wenn es darauf ankommt

Freundschaft heißt
füreinander da sein.
Nicht irgendwann.
Nicht in einem Jahr oder einer Woche.
Nicht morgen.
Sondern gleich und sofort.
Weil Du mich jetzt brauchst.
Das allein bestimmt den Zeitpunkt,
ist das einzig Entscheidende.
Das ist es, was Freundschaft bedeutet:
Füreinander da zu sein, wenn es darauf ankommt.

Lächeln

Schlechte Laune
steht Dir ins Gesicht geschrieben,
weckt bei mir sofort den Wunsch,
Dir ein Lächeln aufs Gesicht zu zaubern.
Meist bin ich erfolgreich,
lasse für Dich ganz schnell
wieder die Sonne aufgehen.
Manchmal ist es schwieriger,
da brauche ich mehr Zeit
und mehr Geduld.
Aber die habe ich für Dich
in unbegrenzter Menge zur Verfügung,
also hab keine Sorgen,
dass ich irgendwann aufgeben könnte.
Ich lasse nicht locker,
bis wir Dein Lächeln wiedergefunden haben.

Schmaler Grat

Einige Dinge berühren uns ganz tief,
obwohl wir sie doch gar nicht
an uns heranlassen wollen.
Manches bohrt sich geradezu in unsere Seele
und nistet sich fest dort ein.
Weckt Begehrlichkeiten und
setzt Sehnsüchte frei,
die wir längst überwunden glaubten.
Ein schmaler Grat,
auf dem wir uns dann bewegen.
Auf dem wir vorankommen möchten,
ohne abzustürzen,
ohne uns oder andere zu verletzen.

Verzeih mir

Verzeih mir,
wenn ich
Dir zu nahe komme,
Deine Grenzen überschreite.
Wenn ich Dir Fragen stelle,
die Du nicht beantworten willst
oder Dir Ratschläge erteile,
um die Du mich nicht gebeten hast.
Vergib mir mein ungestümes Wesen
und meine Unbedachtheit.
Die Sorge um Dich lässt mich manchmal
das richtige Augenmaß verlieren.

Wie ein Schmetterling

Manchmal wollen die Gedanken
sich nicht einfangen lassen,
kommen nicht zur Ruhe.
Da gibt es so viel,
worum sie kreisen
und ich bekomme sie nicht zu fassen.
Sie huschen unstet durch meinen Kopf,
ähnlich einem Schmetterling,
der sich nur kurz auf einer Blume niederlässt,
um sofort die neue Suche zu beginnen,
die nächste Blüte anzusteuern.

Nur darauf gewartet

Du nimmst mich so, wie ich bin,
mit allen Eigenheiten,
allen Macken,
mit meinem Dickkopf.
Musst Dich dafür gar nicht anstrengen,
Dich nicht darum bemühen.
Es scheint bald so,
als ob Du schon immer gewusst hast,
dass es mich gibt,
dass Du mich irgendwann finden würdest.
Als ob Du nur darauf gewartet hast,
dass unsere Wege sich kreuzen,
weil ich das fehlende Puzzleteil war,
das es einfach geben musste.
Wie gut, dass Du mich gefunden hast!

Mein Herz in Deinen Händen

Ich lege mein Herz in Deine Hände.
Vertraue Dir,
glaube an Dich,
fühle mich gut aufgehoben.
Bin mir Deiner ganz sicher.

Ich lege mein Herz in Deine Hände.
Gehe vorsichtig damit um,
denn es ist ungeschützt
und sehr verletzlich.
Sei sanft,
denn so ein Geschenk
bekommst Du nicht oft.

Mein Herz in Deinen Händen.
Fühlt sich unsagbar gut an.
Zutiefst geborgen.

An Dich gedacht

Ein paar Worte nur.
Sollen Dir zeigen,
ich habe an Dich gedacht.
Doch was heißt „nur"?
Kann es denn etwas Wichtigeres geben,
als Dir anzuvertrauen,
dass Du Teil
meines Lebens und
meiner Gedanken bist?

Du fehlst mir

Gerade ist so ein Moment,
da wird es mir nur allzu deutlich.
Du fehlst mir.
Ich kann mich ablenken,
so viel ich will,
kann mich ohne Unterlass beschäftigen,
es ändert nichts an der Tatsache.
Du fehlst mir.
Dein Wesen,
Dein Lächeln,
Dein Streicheln meiner Seele.

Freundschaft
definiert sich über
viele Kleinigkeiten
und wird dadurch
zu etwas ganz Großartigem.